LUIS JOIVAN NUNES DAHMER

ARQUITETURA DA SEGURANÇA DIGITAL

ESTRATÉGIAS PARA UM MUNDO CONECTADO

Como transformar tecnologia em resiliência organizacional na era da inteligência artificial

ARQUITETURA DA SEGURANÇA DIGITAL:
ESTRATÉGIAS PARA UM MUNDO CONECTADO

Coordenação editorial:
Gilson Mello

Projeto gráfico:
Flórida Business Academy

Correção, revisão e copidesque:
Fabiana Mello

Direção Geral:
Gilson Mello

Primeira edição 2025

Dados Internacionais de Catalogação na Publicação (CIP)
Joivan Nunes Dahmer, Luis
Arquitetura da Segurança Digital:
Estratégias para um Mundo Conectado
Luis Joivan Nunes Dahmer; Orlando-FL: Flórida Business Academy
Informática, 2025.
116 p.
ISBN: 9798280186156
1. Informática 2. Segurança. 3. Internet

Sumário

Capítulo 7:

Capítulo 8:

Capítulo 9:

Capítulo 10:

Conclusão:

Prefácio

Luis Joivan Nunes Dahmer

A o longo da minha trajetória profissional, sempre acreditei que a tecnologia, por si só, não resolve os grandes desafios do mundo moderno — é a forma como a aplicamos, com propósito e estratégia, que define seu real impacto. Este livro nasce da minha vivência direta em ambientes complexos, liderando projetos de segurança da informação, transformação digital e inovação tecnológica em organizações que enfrentam, diariamente, riscos cibernéticos e pressões por adaptação contínua.

Foram mais de duas décadas dedicadas à criação de soluções em segurança de dados, gestão de projetos estratégicos e integração de tecnologias como blockchain, IoT e inteligência artificial. Ao longo desses anos, compreendi que não basta implementar ferramentas avançadas: é preciso mudar a cultura, envolver pessoas e alinhar tecnologia aos objetivos da organização.

Nesta obra, compartilho aprendizados que vão além da teoria. São experiências práticas, estratégias testadas e reflexões construídas ao longo de minha atuação em instituições de grande porte, enfrentando cenários desafiadores com responsabilidade e inovação. Mais do que apresentar soluções técnicas, meu objetivo é provocar uma nova forma de pensar a segurança digital, colocando-a como um ativo estratégico e humano — não apenas um requisito técnico.

Escrevo este livro com o desejo de contribuir com profissionais, gestores, líderes e futuros especialistas que, assim como eu, entendem que resiliência digital não é mais uma escolha — é uma necessidade. Que ele sirva como guia prático, fonte de inspiração e alerta para os riscos e oportunidades da era em que vivemos.

Boa leitura — e que este conteúdo possa ajudar você e sua organização a se prepararem para o futuro com mais segurança, consciência e inovação.

Luis Joivan Nunes Dahmer

Introdução

Luis Joivan Nunes Dahmer

Minha jornada na área de tecnologia começou há mais de vinte anos, motivada pela curiosidade e pelo desejo de entender como sistemas complexos funcionam — e como poderiam ser melhor protegidos. Sou formado em Ciência da Computação e, ao longo da minha carreira, atuei em diversos projetos de alta complexidade, principalmente nas áreas de segurança da informação, gestão de riscos, transformação digital e proteção de dados em ambientes corporativos.

A tecnologia sempre esteve presente na minha vida, mas foi a segurança da informação que me despertou para o impacto que um profissional da área pode ter não só dentro das empresas, mas também na sociedade. Vi de perto os efeitos de ataques cibernéticos, falhas de sistemas e vazamentos de dados que comprometeram a operação e a reputação de organizações. Isso me impulsionou a buscar soluções mais eficazes, capazes de prevenir, responder e, principalmente, antecipar riscos.

Durante minha trajetória, tive a oportunidade de liderar a implantação de sistemas de segurança e automação, atuar com infraestrutura de TI em ambientes críticos, e ajudar empresas públicas e privadas a integrar novas tecnologias como blockchain, Internet das Coisas (IoT) e inteligência artificial. Também tive a honra de ser reconhecido com uma moção de aplausos pela Câmara Municipal de Alvorada, como forma de valorização pelos serviços prestados à área de tecnologia e cibersegurança.

Este livro é o resultado direto dessa experiência prática. Aqui, eu compartilho aprendizados reais, baseados em situações que vivenciei e soluções que ajudei a construir. O objetivo não é trazer fórmulas mágicas ou conceitos distantes da realidade, mas sim oferecer reflexões e estratégias que possam ser aplicadas por profissionais, líderes e organizações que buscam se fortalecer em um mundo digital cada vez mais conectado — e vulnerável.

Espero que esse conteúdo seja útil para quem deseja construir ambientes mais seguros, resilientes e inteligentes, com base em tecnologia, gestão e cultura. Mais do que proteger dados, precisamos proteger o futuro.

Luis Joivan Nunes Dahmer

Capítulo 1

O Dilema da Segurança no Mundo Hiperconectado

Como proteger dados em um cenário com bilhões de dispositivos conectados e ameaças em constante evolução?

Luis Joivan Nunes Dahmer

Vivemos em um mundo onde quase tudo está conectado. Do smartphone no bolso ao sistema de controle industrial de uma grande empresa, a tecnologia avançou a ponto de tornar possível a comunicação entre dispositivos em tempo real, em escalas nunca antes imaginadas. Essa conectividade trouxe inúmeras facilidades, mas também abriu espaço para riscos que muitas organizações ainda não sabem como enfrentar. A segurança da informação, que antes era tratada como um suporte técnico, passou a ser uma questão estratégica e vital.

O desafio hoje não está apenas em proteger um servidor ou uma rede interna. Com a chegada da Internet das Coisas (IoT), o que chamamos de "superfície de ataque" se expandiu de forma significativa. Um simples dispositivo sem a devida configuração de segurança pode se tornar o ponto de entrada para um ataque que comprometa toda a estrutura de uma organização.

Em minha atuação ao longo de mais de duas décadas na área de tecnologia e segurança da informação, acompanhei de perto esse processo de mudança — tanto tecnológica quanto cultural. E é sobre essa transformação que vamos tratar neste capítulo, começando por onde tudo começa: o entendimento do novo cenário de riscos digitais.

Compreender a nova superfície de ataque trazida pela IoT

A Internet das Coisas revolucionou o modo como nos relacionamos com a tecnologia. Sensores, câmeras, dispositivos inteligentes, sistemas de automação residencial e industrial... todos estão conectados e trocando dados constantemente.

Mas, junto com a eficiência, veio também a vulnerabilidade. Muitos desses dispositivos são projetados com foco em desempenho e conectividade, mas deixam a segurança em segundo plano. Além disso, a padronização da segurança em dispositivos IoT ainda é um desafio global. Segundo dados do Statista (2024), mais de 60% dos dispositivos IoT em uso operam com credenciais padrão, ou seja, senhas genéricas e conhecidas publicamente, o que facilita a exploração por cibercriminosos.

Com bilhões de dispositivos ativos no mundo — mais de 18 bilhões apenas em 2024, conforme estimativas —, entender essa nova camada de exposição digital é essencial para definir estratégias eficazes de defesa.

Reconhecer o impacto real dos ataques cibernéticos no ambiente corporativo

Um erro comum nas empresas é subestimar o impacto que um incidente de segurança pode causar. Quando falamos de ciberataques, não estamos mais tratando apenas de danos à infraestrutura de TI, mas de prejuízos diretos à operação, à reputação e à confiança de clientes e parceiros.

Ataques como ransomware podem paralisar uma empresa por dias, às vezes semanas. Em casos mais graves, levam ao fechamento de operações, perda de contratos e danos irreversíveis à imagem. O relatório da IBM X-Force (2024) apontou que as perdas financeiras com ataques cibernéticos ultrapassaram os US$ 10,5 trilhões em 2024, sendo esse número crescente a cada ano.

Esse cenário exige que a liderança compreenda que segurança da informação não é um custo, mas um investimento essencial à continuidade dos negócios.

Enxergar a segurança como uma estratégia de negócios

Durante muitos anos, a segurança foi tratada como um departamento técnico, isolado e acionado apenas em momentos de crise. Essa visão atrasada precisa ser superada. A segurança da informação deve estar no centro da estratégia empresarial, sendo considerada desde o início de qualquer projeto ou iniciativa.

É necessário que os tomadores de decisão entendam que a proteção de dados, sistemas e processos críticos está diretamente ligada à viabilidade do negócio, especialmente em setores como saúde, finanças, logística e serviços públicos.

A mudança de mentalidade começa no topo: quando a alta gestão assume a segurança como responsabilidade estratégica, toda a organização tende a se alinhar a esse compromisso.

Construir uma cultura organizacional voltada para a segurança

Não existe tecnologia que funcione de forma eficaz se as pessoas não estiverem engajadas com o processo. Uma das maiores fragilidades dentro das empresas está no fator humano — não por má-fé, mas por falta de conscientização.

Criar uma cultura de segurança exige educação contínua, clareza nas políticas e práticas transparentes. Colaboradores precisam entender seu papel na proteção de informações e saber como agir diante de uma situação suspeita.

Programas de capacitação internos, campanhas educativas e a presença da área de segurança em diferentes áreas da empresa ajudam a naturalizar o tema da cibersegurança como parte do dia a dia corporativo.

Investir em soluções integradas desde o planejamento dos projetos

Um erro recorrente em ambientes corporativos é tentar "encaixar" a segurança ao final de um projeto. Essa abordagem fragmentada não só é ineficaz, como costuma gerar retrabalho e elevar os custos.

A segurança deve ser pensada desde o início. O conceito de Security by Design é justamente isso: garantir que todo projeto — seja ele de TI, produto ou transformação digital — já contemple medidas de segurança desde a fase de planejamento.

Além disso, é fundamental adotar soluções que integrem diferentes camadas de proteção, como firewalls, autenticação multifator, criptografia, monitoramento em tempo real e respostas automatizadas a incidentes. Não se trata de um sistema isolado, mas de um ecossistema de segurança que trabalha de forma coordenada para proteger ativos críticos.

O mundo digital está mais dinâmico, interconectado e, ao mesmo tempo, mais vulnerável. As ameaças evoluem constantemente, e a segurança precisa acompanhar esse ritmo.

Mais do que proteger sistemas, é necessário proteger a continuidade, a reputação e a capacidade de inovação das organizações. O futuro exige resiliência digital como um dos pilares centrais da operação, não importa o setor de atuação.

Luis Joivan Nunes Dahmer

Capítulo 2

Inteligência Artificial: Aliada ou Risco para a Segurança?

Como utilizar a IA sem ampliar riscos de manipulação, viés e exposição de dados?

Luis Joivan Nunes Dahmer

A inteligência artificial (IA) já deixou de ser uma tecnologia futurista para se tornar parte essencial da rotina das empresas. Está presente em assistentes virtuais, sistemas de recomendação, análise de comportamento, automação de processos e, principalmente, em soluções voltadas para a segurança da informação. No entanto, com esse crescimento, surgem também dúvidas legítimas: até que ponto a IA está nos protegendo — e em que medida ela pode se tornar um risco?

Na prática, a IA pode ser tanto uma ferramenta poderosa quanto uma vulnerabilidade crítica, dependendo da forma como é construída, treinada e utilizada. A sua capacidade de tomar decisões com base em grandes volumes de dados precisa ser equilibrada com transparência, governança e controle. O grande desafio está justamente em garantir que sua aplicação seja ética, segura e confiável — sem abrir brechas para manipulações, ataques ou vieses ocultos.

Usar IA como ferramenta de detecção preditiva de ameaças

Uma das maiores contribuições da IA na área de segurança da informação está na capacidade de antecipar ataques antes que eles ocorram, com base na análise de padrões históricos, comportamentos suspeitos e variações de tráfego. Esse tipo de abordagem preditiva reduz o tempo de resposta e permite que medidas de contenção sejam ativadas com mais agilidade.

Soluções baseadas em IA são especialmente eficazes contra ameaças persistentes avançadas (APT), que normalmente passam despercebidas por mecanismos tradicionais de defesa. Elas conseguem correlacionar milhares de variáveis em tempo real, identificar comportamentos fora do padrão e acionar alertas com base em anomalias, mesmo quando o código malicioso ainda não foi catalogado.

No entanto, vale destacar: para que a detecção seja eficaz, é necessário que os modelos estejam bem treinados e continuamente atualizados com dados confiáveis. Caso contrário, podem gerar falsos positivos ou deixar passar atividades maliciosas disfarçadas como legítimas.

Desenvolver algoritmos éticos e auditáveis

À medida que a IA assume papéis mais importantes na segurança digital, surge a necessidade de garantir que seus algoritmos sejam transparentes, justos e auditáveis. Modelos opacos — que funcionam como "caixas-pretas" — dificultam a compreensão das decisões tomadas pela máquina, o que pode gerar riscos jurídicos e operacionais.

O desenvolvimento ético de IA exige que as organizações adotem princípios de explicabilidade, imparcialidade e responsabilidade. É essencial que se saiba quais dados foram utilizados no treinamento do modelo, qual a lógica por trás das decisões e como eventuais erros são tratados.

Em muitos setores, como o financeiro e o de saúde, legislações já começam a exigir que decisões automatizadas possam ser explicadas e contestadas. Isso também se aplica à segurança da informação: um sistema que bloqueia um acesso ou classifica uma atividade como suspeita precisa justificar o motivo, especialmente em ambientes sensíveis ou regulados.

Aplicar machine learning para análise de padrões anômalos

O machine learning (aprendizado de máquina) é um dos pilares da IA moderna e tem grande valor na análise de segurança. Através de modelos supervisionados ou não supervisionados, é possível identificar padrões de comportamento normais e, a partir deles, detectar anomalias que podem indicar uma tentativa de ataque, acesso indevido ou vazamento de dados.

Diferente de soluções tradicionais baseadas em assinaturas de ameaças conhecidas, os sistemas que utilizam machine learning conseguem adaptar-se e evoluir continuamente, reconhecendo novos tipos de ataque que ainda não foram formalmente documentados.

Esse tipo de aplicação é especialmente útil em ambientes com grande volume de dados e múltiplos pontos de entrada, como redes corporativas distribuídas ou ecossistemas com muitos dispositivos IoT. No entanto, é essencial que os profissionais de segurança acompanhem de perto os resultados dos modelos, evitando que decisões críticas sejam tomadas com base em dados enviesados ou ruídos do sistema.

Controlar acessos a modelos e dados sensíveis

A IA depende de grandes volumes de dados para aprender, tomar decisões e melhorar seu desempenho. No entanto, esses dados muitas vezes contêm informações sensíveis ou confidenciais, que precisam ser protegidas contra acessos não autorizados.

Além disso, os próprios modelos de IA — especialmente os mais avançados, como redes neurais profundas — podem se tornar alvos de ataques. Um invasor pode tentar manipular o modelo durante seu treinamento (ataque de envenenamento de dados) ou até mesmo explorar brechas para extrair informações sensíveis armazenadas em sua memória (ataques de inferência).

Por isso, é fundamental aplicar controles rigorosos de acesso, criptografia, monitoramento e autenticação aos dados utilizados pela IA, bem como aos ambientes onde os modelos são executados. A segurança da informação não pode ser vista como algo separado da inteligência artificial: elas devem caminhar juntas, desde a concepção até a operação.

Integrar IA à governança de segurança da informação

Não basta usar IA como uma ferramenta pontual. Para garantir sua eficácia e confiabilidade, ela precisa estar integrada à governança de segurança da informação, com políticas claras, métricas de desempenho e supervisão adequada.

Isso significa definir regras para uso de dados, critérios de validação de modelos, auditorias frequentes e protocolos de resposta a falhas ou incidentes causados por IA. Também é importante envolver diferentes áreas da empresa — como segurança, TI, compliance e jurídico — para garantir uma visão ampla e alinhada com os objetivos organizacionais.

Quando a IA é tratada como parte do ecossistema de segurança, e não como uma solução isolada, torna-se mais fácil identificar riscos, corrigir falhas e evoluir com responsabilidade.

A inteligência artificial pode ser, ao mesmo tempo, uma ferramenta de proteção e uma porta de entrada para riscos invisíveis. A diferença entre esses dois cenários está na forma como ela é implementada, monitorada e governada.

Ao longo dos anos, percebi que a IA, quando bem aplicada, se transforma em um radar estratégico para proteger dados, prever ameaças e fortalecer a resiliência digital. Mas seu uso exige maturidade técnica, ética e estrutural.

Luis Joivan Nunes Dahmer

Capítulo 3

Blockchain: A Imutabilidade como Defesa Estratégica

Como garantir a integridade de dados sensíveis em ambientes descentralizados?

Luis Joivan Nunes Dahmer

À medida que os ambientes digitais se tornam mais descentralizados, cresce também a preocupação com a integridade das informações. Em um cenário onde dados são compartilhados em tempo real por diferentes sistemas, dispositivos e plataformas, manter a confiabilidade das informações é um dos maiores desafios. A descentralização, embora traga ganhos em agilidade e escalabilidade, exige soluções que assegurem rastreabilidade, transparência e resistência a alterações indevidas.

É nesse contexto que o blockchain se apresenta como uma das tecnologias mais promissoras para garantir integridade e confiança. Sua estrutura baseada em blocos encadeados de informações, criptografados e imutáveis, permite o registro seguro de transações e eventos, sem a necessidade de uma autoridade central para validação.

Apesar de ser amplamente associado ao mercado de criptomoedas, o blockchain tem aplicações que vão muito além do setor financeiro. Em áreas como segurança da informação, cadeia de suprimentos, saúde e gestão de identidade, essa tecnologia pode ser a base de uma nova arquitetura digital, muito mais resiliente e confiável.

Aplicar blockchain em registros críticos

Quando falamos em registros críticos, estamos nos referindo a qualquer informação cuja alteração indevida possa causar prejuízos financeiros, operacionais ou legais para uma organização. Isso inclui, por exemplo, logs de acesso, transações financeiras, movimentações em cadeias logísticas, prontuários médicos, contratos e documentos legais.

Ao registrar esse tipo de informação em uma rede blockchain, é possível garantir que ela não será alterada, deletada ou substituída sem deixar vestígios. Cada dado registrado é criptograficamente vinculado ao anterior, criando uma cadeia de confiança praticamente impossível de ser quebrada.

Essa imutabilidade dos dados traz mais transparência para auditorias, melhora o controle de conformidade e reduz a dependência de sistemas centralizados, que muitas vezes são mais vulneráveis a falhas ou ataques.

Usar smart contracts para reduzir fraudes e falhas humanas

Smart contracts são programas executados automaticamente dentro da blockchain, baseados em condições pré-estabelecidas. Eles funcionam como contratos digitais que só são acionados quando determinados critérios são cumpridos.

Em vez de depender da verificação humana, esses contratos automatizados garantem que ações sejam executadas de forma transparente, previsível e sem interferência manual. Isso reduz significativamente as chances de erro ou manipulação.

Empresas têm utilizado smart contracts para automatizar processos como pagamento de fornecedores, liberação de acesso a sistemas, aprovação de transações e execução de cláusulas contratuais. Além de eficiência, essa automação traz mais segurança e integridade aos processos.

Integrar blockchain com sistemas legados para rastreabilidade

Muitas organizações já possuem sistemas robustos de gestão, como ERPs, CRMs e plataformas logísticas. No entanto, esses sistemas muitas vezes não se comunicam de forma eficiente entre si, o que pode dificultar o rastreamento de eventos e a detecção de inconsistências.

Integrar o blockchain com esses sistemas legados é uma forma eficaz de criar um registro confiável e comum entre diferentes áreas da empresa, ou mesmo entre empresas distintas em uma cadeia de suprimentos.

Com isso, é possível acompanhar o ciclo de vida de um ativo, documento ou transação desde sua origem até o destino final, com total transparência. Essa rastreabilidade não apenas facilita auditorias e controle de qualidade, como também aumenta a confiança entre parceiros comerciais.

Implementar autenticação descentralizada

Em muitos ambientes digitais, a autenticação de usuários ainda é baseada em credenciais centralizadas, como logins e senhas armazenadas em servidores únicos. Esse modelo cria pontos únicos de falha, que podem ser explorados em ataques de grande impacto, como invasões e roubo de identidade.

Com blockchain, é possível implementar sistemas de autenticação descentralizada, nos quais os dados de identidade são distribuídos e protegidos criptograficamente, sem depender de um servidor central. Isso não apenas reduz os riscos de invasões, como também devolve ao usuário o controle sobre seus próprios dados.

Essa abordagem é especialmente útil em contextos onde o sigilo e a autenticidade das informações são fundamentais, como em operações

41

financeiras, acesso a sistemas corporativos e validação de documentos digitais.

Garantir escalabilidade sem perder segurança

Um dos principais desafios na adoção do blockchain em larga escala é garantir que ele seja escalável sem comprometer sua segurança. Redes públicas como o Bitcoin ou o Ethereum, por exemplo, enfrentam limitações de velocidade e capacidade de processamento.

Para contornar isso, têm surgido modelos de blockchain mais leves e adaptáveis, como os blockchains privados ou permissionados, que permitem o controle de acesso e uma maior eficiência transacional. Esses modelos são especialmente indicados para empresas que precisam de alto desempenho sem abrir mão da confiabilidade.

Além disso, soluções como sidechains, sharding e proof-of-stake vêm sendo desenvolvidas para equilibrar segurança, velocidade e escalabilidade, permitindo que o blockchain se torne viável para aplicações corporativas mais exigentes.

O blockchain representa mais do que uma inovação tecnológica: ele é uma mudança de paradigma sobre como armazenamos, compartilhamos e validamos informações. Sua estrutura imutável, descentralizada e transparente o torna uma ferramenta valiosa para enfrentar os desafios da integridade de dados em ambientes digitais complexos.

Ao aplicá-lo estrategicamente — com foco em registros críticos, automação com smart contracts, integração com sistemas existentes, autenticação segura e escalabilidade — é possível construir uma base de confiança sólida para o futuro digital.

No próximo capítulo, abordarei como a expansão da Internet das Coisas está transformando a eficiência operacional e, ao mesmo tempo, exigindo novos padrões de proteção e controle.

Luis Joivan Nunes Dahmer

Capítulo 4

IoT e a Expansão do Risco Invisível

Como proteger bilhões de dispositivos conectados com baixa
capacidade de defesa?

Luis Joivan Nunes Dahmer

A Internet das Coisas, ou IoT, transformou o modo como vivemos, trabalhamos e nos conectamos. Dispositivos inteligentes estão por toda parte: em casas, fábricas, hospitais, cidades e empresas. Essa conectividade proporciona ganhos reais em eficiência, automação e inteligência operacional. No entanto, junto com essas vantagens, surgiu um novo desafio para a segurança da informação: proteger um ecossistema que cresce em ritmo acelerado e, muitas vezes, sem os controles básicos de proteção.

Diferente de servidores e computadores tradicionais, a maioria dos dispositivos IoT foi projetada com foco em funcionalidade, tamanho e custo — e não em segurança. Isso os torna alvos fáceis para cibercriminosos que buscam pontos vulneráveis para invadir redes, sequestrar sistemas ou realizar ataques em larga escala. Como esses dispositivos muitas vezes operam de forma invisível aos olhos dos gestores, representam um risco silencioso, porém significativo.

Criar diretrizes de segurança específicas para dispositivos IoT

O primeiro passo para mitigar os riscos da IoT é reconhecer que ela precisa de um tratamento diferente. Aplicar os mesmos conceitos de segurança usados para desktops ou servidores não é suficiente. Dispositivos embarcados têm limitações técnicas que exigem diretrizes próprias.

Essas diretrizes devem incluir práticas mínimas para fabricantes e integradores, como exigir autenticação forte, limitar conexões desnecessárias e restringir o acesso a portas e serviços não utilizados. Além disso, é importante que as empresas definam políticas internas claras para a aquisição, configuração e monitoramento desses equipamentos.

Normas como a ISO/IEC 30141 e recomendações da ENISA e do NIST já oferecem estruturas iniciais para guiar essas práticas, mas é essencial adaptá-las à realidade de cada setor.

Implementar segmentação de rede

Uma falha comum em ambientes que utilizam IoT é permitir que os dispositivos compartilhem a mesma rede de sistemas críticos ou sensíveis. Isso aumenta o risco de que uma invasão por meio de um dispositivo aparentemente inofensivo comprometa áreas mais importantes da infraestrutura da empresa.

A segmentação de rede é uma prática que isola os dispositivos em sub-redes específicas, limitando o alcance de um possível ataque. Ao separar sensores, câmeras, termostatos ou controladores industriais da rede principal, é possível reduzir a propagação de ameaças e controlar melhor o tráfego de dados.

Além disso, essa divisão facilita a aplicação de regras de firewall mais restritivas e permite uma resposta mais rápida em caso de anomalias.

Eliminar senhas padrão e autenticações fracas

Muitos dispositivos IoT são comercializados com senhas de fábrica, como "admin" ou "1234", e acredite: uma grande parte ainda é instalada sem que essas senhas sejam alteradas. Isso cria um risco imediato, já que essas credenciais estão amplamente disponíveis em fóruns e bancos de dados públicos na internet.

O uso de senhas fracas ou padrão é uma das principais portas de entrada para ataques automatizados. Para reduzir esse risco, é fundamental implementar políticas que exijam senhas únicas e fortes já no momento da instalação. Quando possível, deve-se adotar autenticação multifator ou certificados digitais.

A responsabilidade por esse cuidado deve ser compartilhada entre fornecedores, instaladores e usuários finais.

Estabelecer atualizações automáticas e gestão remota

Outro ponto crítico da segurança em IoT é o ciclo de atualização. Muitos dispositivos não recebem atualizações de firmware de forma automática, e outros sequer contam com suporte técnico ativo após a instalação. Isso significa que falhas conhecidas permanecem expostas por longos períodos, tornando esses dispositivos vulneráveis a ataques que já poderiam ter sido evitados.

É essencial priorizar soluções que permitam atualizações remotas, criptografadas e validadas. A gestão centralizada dos dispositivos, por meio de plataformas seguras, também facilita o controle de versões, a resposta a incidentes e a aplicação de correções em tempo hábil.

Manter dispositivos atualizados não é apenas uma boa prática técnica, mas uma necessidade básica de proteção.

Monitorar o tráfego em tempo real

Mesmo com todas as precauções anteriores, nenhum sistema está isento de riscos. Por isso, o monitoramento contínuo é uma etapa fundamental. Observar o comportamento dos dispositivos, registrar padrões de tráfego e identificar variações incomuns permite detectar rapidamente tentativas de invasão ou falhas operacionais.

Ferramentas de análise comportamental, integradas a sistemas de monitoramento de rede, ajudam a identificar dispositivos que estejam se comunicando com destinos suspeitos, enviando volumes excessivos de dados ou apresentando comportamentos fora do esperado.

Esse tipo de visibilidade é essencial para garantir que a IoT esteja a serviço da eficiência, sem comprometer a segurança do ambiente onde está inserida.

A Internet das Coisas revolucionou a forma como lidamos com dados e processos. Mas, ao mesmo tempo, trouxe uma nova dimensão de riscos que muitas vezes passam despercebidos. A eficiência e a conectividade proporcionadas pela IoT só são sustentáveis se forem acompanhadas de vigilância constante e práticas de segurança bem definidas.

Tratar dispositivos conectados com a seriedade que eles exigem é o caminho para garantir que o elo mais inovador da cadeia digital não se transforme, também, no mais frágil.

Luis Joivan Nunes Dahmer

Capítulo 5

Gestão de Projetos em Ambientes Digitais Complexos

Como liderar projetos de segurança e inovação em organizações que resistem à mudança?

Luis Joivan Nunes Dahmer

Projetos de transformação digital e segurança da informação frequentemente envolvem muito mais do que tecnologia. Eles exigem planejamento estruturado, adaptação cultural e, acima de tudo, gestão. Em ambientes corporativos complexos, onde estruturas tradicionais ainda prevalecem, liderar iniciativas inovadoras pode ser um verdadeiro desafio. Resistência à mudança, silos entre departamentos, falta de alinhamento estratégico e ausência de métricas claras são apenas alguns dos obstáculos enfrentados por gestores.

Ao longo da minha carreira, participei da implantação de soluções que precisaram vencer essas barreiras para alcançar resultados consistentes. A experiência mostrou que a gestão de projetos eficaz é a ponte entre a visão e a execução. Não basta ter uma boa ideia ou uma tecnologia promissora — é preciso traduzi-la em ação coordenada, com objetivos claros, responsabilidades bem definidas e envolvimento genuíno das pessoas.

Em ambientes digitais complexos, a chave está em adaptar as abordagens de gestão às realidades organizacionais, sem abrir mão da segurança, da transparência e da agilidade.

Aplicar metodologias híbridas (ágil + tradicional)

Modelos tradicionais de gestão de projetos, como o PMI, oferecem uma estrutura sólida para grandes iniciativas, com cronogramas bem definidos, fases sequenciais e controle de escopo. Por outro lado, as metodologias ágeis, como Scrum ou Kanban, permitem mais flexibilidade, entregas incrementais e ajustes contínuos.

Em projetos de segurança e transformação digital, onde há múltiplas variáveis técnicas e envolvimento de diferentes áreas, a combinação dos dois modelos tem se mostrado bastante eficaz. Essa abordagem híbrida permite que a equipe mantenha o controle estratégico do projeto, sem perder a capacidade de adaptação diante de novos riscos ou mudanças de contexto.

O uso de sprints para entregas rápidas, aliado a marcos de controle tradicionais, ajuda a manter o ritmo e o foco sem comprometer a governança.

Engajar stakeholders desde a fase de concepção

Um erro recorrente é envolver as partes interessadas apenas quando o projeto já está em execução. Isso costuma gerar desalinhamento, resistência e até conflitos internos. Em projetos sensíveis, como os de segurança da informação, o engajamento precisa começar cedo.

Desde a fase de concepção, é importante ouvir as necessidades dos diferentes departamentos, mapear os impactos esperados e identificar possíveis pontos de atrito. Reuniões de alinhamento, oficinas de cocriação e validações contínuas contribuem para que os stakeholders se sintam parte do projeto, e não apenas afetados por ele.

Esse envolvimento precoce aumenta a aceitação das soluções, melhora a comunicação entre áreas e facilita a superação de resistências culturais.

Inserir segurança no ciclo de vida do projeto (Security by Design)

Muitas organizações ainda tratam a segurança como uma etapa separada ou complementar dos projetos. Isso pode gerar riscos e retrabalho, além de aumentar o custo de correções futuras. O conceito de Security by Design propõe o oposto: a segurança deve estar presente desde o início.

Ao considerar aspectos como controle de acesso, criptografia, monitoramento e conformidade já na fase de planejamento, é possível antecipar vulnerabilidades e desenvolver soluções mais robustas. Essa abordagem também permite maior integração entre as equipes de segurança e desenvolvimento, evitando que medidas de proteção sejam vistas como obstáculos à inovação.

Segurança, nesse contexto, deixa de ser um item de verificação e passa a ser parte essencial da arquitetura do projeto.

Treinar líderes técnicos com visão estratégica

Profissionais com perfil técnico têm papel fundamental em projetos digitais. No entanto, para liderar com eficiência, é preciso mais do que domínio de ferramentas ou conhecimento de normas. É necessário desenvolver uma visão ampla, estratégica e orientada a resultados.

Investir na formação de líderes técnicos que compreendam o negócio, saibam se comunicar com outras áreas e consigam traduzir riscos em impactos reais é um diferencial competitivo. Esses profissionais atuam como ponte entre a tecnologia e a gestão, facilitando decisões informadas e aumentando a efetividade das entregas.

Treinamentos em liderança, metodologias de gestão e habilidades comportamentais devem fazer parte do desenvolvimento contínuo desses profissionais.

Usar indicadores de maturidade em segurança para medir evolução

Sem indicadores claros, é difícil saber se um projeto está evoluindo na direção certa. Isso vale tanto para os aspectos técnicos quanto para os estratégicos. Utilizar métricas de maturidade em segurança da informação permite acompanhar o progresso, justificar investimentos e identificar áreas que precisam de atenção.

Modelos como ISO 27001, NIST Cybersecurity Framework e CIS Controls oferecem referências confiáveis para a definição desses indicadores. Eles ajudam a avaliar não apenas o nível de proteção atual, mas também o grau de aderência a boas práticas, a eficiência de controles e o engajamento da equipe com as políticas de segurança.

Esses dados fornecem uma base sólida para a tomada de decisão e permitem ajustes ao longo do caminho, garantindo que os resultados estejam alinhados às metas da organização.

Gerenciar projetos em ambientes digitais complexos é, acima de tudo, um exercício de equilíbrio. É preciso conciliar inovação com controle, velocidade com segurança, e tecnologia com cultura organizacional.

A adoção de metodologias híbridas, o envolvimento das partes interessadas, a inserção da segurança desde o início, a valorização de lideranças técnicas e o uso de métricas claras são elementos que tornam esse equilíbrio possível.

Projetos bem-sucedidos não nascem apenas de boas ideias ou tecnologias avançadas. Eles dependem de gestão sólida, comunicação eficiente e uma visão clara de onde se quer chegar. Quando esses elementos estão alinhados, o caminho da transformação digital se torna mais seguro, eficiente e sustentável.

Luis Joivan Nunes Dahmer

Capítulo 6

Cultura Organizacional: O Elo Humano da Cibersegurança

Como criar um ambiente onde segurança é
responsabilidade de todos?

Luis Joivan Nunes Dahmer

Na maioria dos incidentes cibernéticos que acompanhei ao longo da carreira, a tecnologia não era o elo mais fraco. Em muitos casos, o fator determinante foi humano: um e-mail mal interpretado, um link clicado por engano, uma senha compartilhada sem perceber o risco. Mesmo em empresas com estruturas técnicas robustas, firewalls atualizados e sistemas avançados de detecção, a falta de conscientização dos colaboradores ainda representa um dos maiores pontos de vulnerabilidade.

A cultura organizacional tem um peso decisivo na forma como a segurança da informação é compreendida e praticada no dia a dia. Quando os colaboradores enxergam a segurança como uma responsabilidade coletiva, os riscos diminuem de forma significativa. Por outro lado, quando a proteção de dados é vista como uma obrigação apenas da área de TI, brechas se multiplicam.

Construir uma cultura voltada para a cibersegurança não acontece da noite para o dia. É um processo contínuo, que exige comunicação clara, envolvimento da liderança, ações educativas e, principalmente, consistência.

Realizar treinamentos práticos e frequentes

Treinamentos não devem ser tratados como eventos pontuais, muito menos como algo burocrático. A melhor forma de desenvolver consciência de segurança é por meio de atividades práticas, com exemplos reais e linguagem próxima da realidade dos colaboradores.

Simulações de phishing, exercícios de resposta a incidentes e orientações sobre boas práticas no uso de sistemas são formas eficazes de mostrar, na prática, como pequenas atitudes podem fazer a diferença. Treinar apenas uma vez ao ano não é suficiente. A frequência e a atualização constante dos conteúdos ajudam a manter o tema vivo na rotina da organização.

Mais do que ensinar o que fazer, o objetivo dos treinamentos deve ser criar uma mentalidade de atenção e responsabilidade contínua.

Promover campanhas internas com linguagem acessível

Muitos temas ligados à segurança da informação ainda são tratados com termos técnicos e comunicação excessivamente formal. Isso pode criar uma barreira entre a área de segurança e os demais setores da empresa.

Campanhas internas que utilizam uma linguagem simples, visual e acessível ajudam a quebrar essa distância. Vídeos curtos, cartazes em locais estratégicos, newsletters e até jogos educativos são formas criativas de engajar diferentes públicos dentro da organização.

Mais importante que o formato é a coerência da mensagem: todos devem entender que a segurança é uma prioridade e que sua colaboração faz parte do sucesso coletivo.

Estabelecer canais seguros para reportar vulnerabilidades

Um dos erros mais comuns é punir ou constranger colaboradores que relatam erros ou possíveis falhas. Isso gera medo e silêncio, dificultando a identificação de vulnerabilidades em tempo hábil.

Criar canais seguros e anônimos para que as pessoas possam reportar suspeitas, comportamentos estranhos ou falhas observadas é uma medida simples que pode evitar danos maiores. Esses canais devem ser divulgados de forma clara e ter resposta rápida e respeitosa por parte da equipe de segurança.

Quando os colaboradores se sentem acolhidos e sabem que estão contribuindo com a proteção da empresa, tornam-se aliados naturais da cibersegurança.

Reforçar a responsabilidade dos líderes como exemplo

Os comportamentos valorizados na cultura organizacional começam no topo. Se líderes ignoram boas práticas de segurança, compartilham senhas, deixam sistemas abertos ou tratam o tema com descaso, isso será replicado por suas equipes.

A postura da liderança é um dos elementos mais influentes na consolidação de uma cultura forte. Diretores, gerentes e supervisores devem ser os primeiros a cumprir e divulgar as políticas de segurança, demonstrando com atitudes que esse cuidado é parte essencial do trabalho.

Além disso, a liderança deve participar ativamente de treinamentos e apoiar campanhas internas, mostrando que segurança é um valor da empresa, e não apenas uma obrigação técnica.

Integrar segurança aos valores organizacionais

Para que a segurança seja realmente incorporada à cultura da empresa, ela precisa fazer parte dos valores que orientam o comportamento coletivo. Não basta criar políticas e procedimentos — é necessário que a proteção da informação esteja presente nas decisões, nos processos e no discurso institucional.

Segurança pode — e deve — ser vista como um fator de qualidade, confiabilidade e respeito ao cliente. Quando esse entendimento está enraizado, a cultura se transforma. A empresa passa a tomar decisões mais conscientes, evita riscos desnecessários e fortalece sua reputação no mercado.

A integração entre segurança e cultura organizacional é um movimento estratégico que fortalece a empresa de dentro para fora.

Tecnologia, processos e ferramentas são fundamentais, mas é nas pessoas que reside o maior potencial de proteção — ou de risco. A cultura organizacional é o verdadeiro firewall humano de uma empresa, capaz de impedir ou permitir que vulnerabilidades se concretizem.

Construir uma cultura forte em cibersegurança é uma jornada contínua, que exige engajamento, comunicação clara, ações práticas e apoio da liderança. Quando a segurança é vivida por todos, a organização se torna mais resiliente, preparada e confiante diante dos desafios da era digital.

Capítulo 7
Da Reação à Prevenção: Construindo um Sistema Proativo

Como sair da postura de apagar incêndios e adotar
uma segurança preditiva?

Luis Joivan Nunes Dahmer

Por muito tempo, a segurança da informação foi guiada por uma abordagem reativa. As equipes eram acionadas após a ocorrência de um incidente, como se o principal papel fosse conter danos, investigar causas e restaurar a normalidade. Esse modelo, ainda comum em diversas organizações, é ineficiente diante da velocidade e sofisticação das ameaças atuais.

Em ambientes digitais complexos, o tempo entre a identificação de uma ameaça e o seu impacto pode ser de minutos — ou segundos. Esperar o problema acontecer para agir já não é uma opção viável. A transformação necessária passa pela adoção de práticas preventivas, automatizadas e sustentáveis.

A transição da reação para a prevenção exige investimento em tecnologia, capacitação de equipes e, sobretudo, mudança de mentalidade. A segurança precisa ser incorporada de forma contínua à operação, com mecanismos que monitorem, antecipem e mitiguem riscos em tempo real.

Implementar centros de operações de segurança (SOC)

Um Centro de Operações de Segurança (SOC) é a base de uma estrutura proativa. Trata-se de uma unidade dedicada ao monitoramento constante de eventos de segurança, análise de alertas, resposta a incidentes e melhoria contínua dos controles.

Com uma equipe especializada e ferramentas apropriadas, o SOC consegue acompanhar o ambiente digital da empresa 24 horas por dia, identificando comportamentos suspeitos e atuando antes que eles se transformem em incidentes críticos.

A maturidade de um SOC varia conforme a estrutura da organização, mas mesmo modelos reduzidos ou terceirizados já oferecem ganhos importantes de visibilidade, controle e resposta.

Automatizar detecção e resposta a incidentes (SOAR)

A detecção e resposta a incidentes precisa ser ágil e precisa. As plataformas conhecidas como SOAR (Security Orchestration, Automation and Response) têm a função de integrar diferentes ferramentas de segurança, orquestrar respostas automáticas e reduzir o tempo entre a detecção e a ação.

Essas soluções permitem, por exemplo, que um ataque de phishing seja identificado por uma ferramenta de e-mail, classificado por um sistema de análise de comportamento e bloqueado automaticamente por uma solução de firewall — tudo sem intervenção humana.

A automação não substitui as equipes, mas libera os profissionais para atividades estratégicas, enquanto tarefas repetitivas e urgentes são tratadas com rapidez. O resultado é um ambiente mais protegido e menos dependente da ação manual em momentos de crise.

Realizar simulações periódicas de ataques (Red/Blue Teams)

Nenhum sistema é imune a falhas. Por isso, testar os controles de segurança de forma realista é essencial. Equipes Red Team (ofensiva) e Blue Team (defensiva) simulam cenários de ataque e defesa, identificando vulnerabilidades que passariam despercebidas em auditorias tradicionais.

Essas simulações podem envolver testes de invasão, engenharia social, exploração de falhas ou respostas a eventos fictícios, permitindo que a organização conheça seus pontos fracos e fortaleça sua resiliência.

Além do aspecto técnico, esse tipo de exercício melhora a integração entre áreas, desenvolve a capacidade de resposta da equipe e cria uma cultura de vigilância permanente.

Criar dashboards em tempo real para análise de risco

Tomar decisões assertivas exige visibilidade. Dashboards de segurança fornecem uma visão consolidada de métricas, indicadores de risco, alertas e status de conformidade. Com essas informações, os gestores conseguem agir com base em dados e priorizar ações de forma estratégica.

Esses painéis devem ser personalizados conforme as necessidades da organização, permitindo o acompanhamento de indicadores como tentativas de acesso não autorizado, atualizações pendentes, ativos expostos e efetividade de controles.

A centralização dessas informações em tempo real facilita reuniões de governança, comunicação com a liderança e ações rápidas diante de situações críticas.

Desenvolver políticas e planos de continuidade de negócios

A prevenção também passa pelo planejamento. Ter políticas claras e atualizadas sobre segurança da informação é fundamental para orientar comportamentos, delimitar responsabilidades e assegurar conformidade com regulamentações.

Além disso, é essencial contar com µm plano de continuidade de negócios, que defina como a empresa deve reagir diante de eventos como ataques, desastres naturais, falhas de sistema ou indisponibilidades prolongadas.

Esse plano deve conter estratégias de recuperação, definição de prioridades, responsabilidades e canais de comunicação. Ele garante que, mesmo diante de um incidente, a organização consiga manter sua operação, proteger sua reputação e minimizar impactos.

A resposta mais eficaz a um ataque é evitá-lo. E, quando não for possível, responder com velocidade, inteligência e controle.

Sair da postura reativa e construir uma estrutura proativa é um passo decisivo para organizações que desejam se manter competitivas e seguras em um cenário de riscos crescentes.

A combinação entre monitoramento constante, automação, testes realistas, painéis inteligentes e planejamento estruturado transforma a segurança da informação de um mecanismo de defesa para uma ferramenta estratégica de continuidade e inovação.

Capítulo 8

Infraestruturas Críticas: A Nova Fronteira da Ciberdefesa

Como proteger setores vitais como energia, saúde e transportes em tempos de guerra cibernética?

Luis Joivan Nunes Dahmer

N os últimos anos, ataques cibernéticos direcionados a infraestruturas críticas se tornaram cada vez mais frequentes, sofisticados e perigosos. Hospitais, sistemas de energia elétrica, redes de transporte, abastecimento de água e controle aéreo deixaram de ser apenas ativos operacionais para se tornarem verdadeiros alvos estratégicos. Em um cenário global marcado por tensões geopolíticas, conflitos híbridos e guerra cibernética, proteger esses setores é uma necessidade urgente — não apenas para empresas, mas para países inteiros.

Infraestruturas críticas são aquelas cuja interrupção pode comprometer a segurança nacional, o bem-estar da população ou o funcionamento básico de uma sociedade. A interdependência entre sistemas, aliada à digitalização acelerada e ao uso crescente de dispositivos conectados, amplia a complexidade dos riscos envolvidos. Um ataque bem-sucedido pode causar apagões, paralisar hospitais, afetar o transporte de alimentos e impactar milhares de vidas em questão de minutos.

Atuar nesse contexto exige uma abordagem multidisciplinar, envolvendo tecnologia, gestão de riscos, cooperação institucional e, acima de tudo, inteligência estratégica. A ciberdefesa das infraestruturas críticas representa a nova fronteira na proteção de tudo aquilo que sustenta nossa vida moderna.

Mapear ativos críticos e interdependências

Antes de proteger, é preciso conhecer. Um dos principais erros na segurança de infraestruturas críticas é não ter clareza sobre quais ativos são realmente essenciais para o funcionamento dos serviços. Equipamentos, sistemas, redes, fornecedores e até processos humanos precisam ser mapeados com precisão.

Esse mapeamento deve incluir não apenas o ativo isolado, mas também suas interdependências — ou seja, entender como a falha de um sistema pode impactar outros. Em muitos casos, um ataque aparentemente limitado, como a desativação de um sensor, pode comprometer todo um processo de controle, levando a falhas em cadeia.

Mapear esses pontos de conexão ajuda na priorização de recursos de proteção, identificação de riscos e construção de planos de resposta mais eficazes. Sem esse nível de conhecimento, qualquer estratégia de segurança será parcial e reativa.

Trabalhar com segurança em camadas

A defesa de uma infraestrutura crítica não pode depender de uma única solução. Assim como uma instalação física possui diversas barreiras — portões, câmeras, vigilância, alarmes — o ambiente digital também deve ser protegido com múltiplas camadas de segurança.

Esse conceito, conhecido como "defesa em profundidade", considera que, se uma camada for comprometida, outras estarão ativas para detectar e bloquear o avanço do ataque. Firewalls, segmentação

85

de rede, autenticação multifator, criptografia, detecção de intrusão e backups seguros são exemplos de camadas que, juntas, formam uma barreira mais resistente.

Além das ferramentas, é necessário que cada camada esteja alinhada com políticas de segurança claras, procedimentos operacionais e equipes treinadas para resposta rápida. A proteção não pode estar concentrada em um único ponto — ela precisa ser distribuída e resiliente.

Monitorar ameaças persistentes avançadas (APT)

Ataques direcionados a infraestruturas críticas geralmente não são aleatórios. Eles costumam ser orquestrados por grupos organizados, muitas vezes com motivações políticas, ideológicas ou econômicas. Esses ataques são classificados como APTs (Ameaças Persistentes Avançadas) e se caracterizam por longos períodos de preparação, técnicas sofisticadas e foco específico em causar interrupção ou obter controle estratégico.

Monitorar esse tipo de ameaça exige mais do que ferramentas convencionais. É necessário acompanhar indicadores de comprometimento, comportamentos anômalos, uso de credenciais legítimas de forma indevida e outros sinais sutis que podem indicar a presença de um invasor silencioso.

Além disso, é importante manter as equipes de segurança atualizadas sobre as técnicas e ferramentas utilizadas por esses grupos, muitas das quais evoluem constantemente e exigem análises profundas para serem identificadas.

Colaborar com agências reguladoras e órgãos governamentais

A defesa de infraestruturas críticas não pode ser responsabilidade exclusiva do setor privado. Como esses ativos afetam diretamente a sociedade, é fundamental que haja cooperação entre empresas, governos, agências reguladoras e forças de segurança.

No Brasil e em outros países, existem políticas públicas, marcos legais e estruturas específicas voltadas para a cibersegurança de setores estratégicos. No entanto, a eficácia dessas iniciativas depende do diálogo constante com quem está na linha de frente da operação.

Participar de fóruns, comitês e redes de cooperação permite o compartilhamento de boas práticas, alertas sobre novas ameaças e o alinhamento de procedimentos em situações de crise. Essa colaboração fortalece o ecossistema de defesa e cria uma base mais sólida para respostas coordenadas a ataques de grande escala.

Integrar inteligência cibernética (Cyber Threat Intelligence)

Inteligência cibernética vai além da coleta de dados. Trata-se da capacidade de transformar informações sobre ameaças, vulnerabilidades e comportamentos em ações práticas para prevenir, detectar e responder a ataques.

Para ambientes críticos, integrar cyber threat intelligence ao dia a dia da operação é essencial. Isso envolve cruzar dados internos com fontes externas, como feeds de ameaças, relatórios de analistas, movimentações em fóruns da deep web e tendências identificadas por centros de resposta a incidentes (CERTs).

Com essas informações, é possível antecipar possíveis ataques, reforçar controles antes que vulnerabilidades sejam exploradas e treinar equipes para lidar com os cenários mais prováveis. A inteligência se torna, assim, um diferencial estratégico na proteção dos ativos mais sensíveis.

Infraestruturas críticas sustentam a vida em sociedade. Energia, água, saúde, transporte e comunicações são pilares que, se comprometidos, podem gerar crises de grande impacto. Em tempos de conflitos cibernéticos e ataques coordenados, proteger esses setores deixou de ser uma preocupação técnica e passou a ser uma questão de soberania digital.

A ciberdefesa nesse contexto exige mais do que tecnologia: demanda visão estratégica, colaboração entre instituições, preparo constante e um modelo de segurança baseado em conhecimento, inteligência e resiliência. Manter essas estruturas operando com segurança é, antes de tudo, garantir a estabilidade da sociedade diante dos desafios do mundo moderno.

Capítulo 9

Governança, Riscos e Conformidade (GRC) na Era Digital

Como alinhar segurança, conformidade regulatória e objetivos estratégicos?

Luis Joivan Nunes Dahmer

Em um mundo cada vez mais digital, onde dados fluem entre sistemas, fronteiras e dispositivos a todo instante, manter o controle sobre riscos, regulamentações e decisões estratégicas se tornou uma das tarefas mais complexas das organizações. A governança, os riscos e a conformidade — conhecidos pela sigla GRC — formam hoje o alicerce necessário para que empresas não apenas se protejam, mas cresçam com responsabilidade e previsibilidade.

Muito além de um departamento ou função isolada, o GRC deve ser entendido como um sistema integrado de gestão. Ele é o elo entre a segurança da informação, a aderência a normas legais e a tomada de decisões alinhadas com os objetivos da empresa. Quando bem estruturado, evita multas, crises de reputação e prejuízos operacionais. Mais do que isso: gera confiança.

Ao longo da minha trajetória, pude observar o impacto positivo de uma boa estrutura de GRC em ambientes diversos, desde instituições públicas até empresas privadas de grande porte. Em todos os casos, o sucesso depende da capacidade de transformar políticas e controles em práticas que sejam compreendidas e valorizadas por toda a organização.

Estabelecer frameworks como ISO 27001 e NIST

A adoção de frameworks reconhecidos internacionalmente é um dos primeiros passos para estruturar um modelo de GRC eficaz. Padrões como a ISO/IEC 27001 — voltada para sistemas de gestão de segurança da informação — e o NIST Cybersecurity Framework — desenvolvido nos Estados Unidos — oferecem diretrizes claras e práticas para proteger ativos digitais e garantir conformidade com requisitos legais.

Esses frameworks ajudam as empresas a organizar seus processos, definir responsabilidades, implementar controles técnicos e realizar auditorias regulares. Eles também fornecem uma linguagem comum, facilitando o alinhamento entre as áreas técnicas, jurídicas e administrativas.

Mais do que buscar certificações, o foco deve estar na internalização das boas práticas que esses modelos promovem, adaptando-os à realidade da organização e usando-os como referência para a tomada de decisões.

Mapear e priorizar riscos digitais

Nenhuma empresa está imune a riscos. O que diferencia as mais preparadas é a capacidade de reconhecê-los com antecedência e agir de forma proporcional. O mapeamento de riscos digitais deve ir além dos aspectos técnicos e considerar impactos operacionais, financeiros, legais e reputacionais.

É importante identificar quais sistemas, processos e informações são mais críticos, quais ameaças estão mais presentes no setor em que a empresa atua, e quais vulnerabilidades internas podem ser exploradas. Com base nesse diagnóstico, é possível estabelecer uma matriz de risco, onde cada ameaça recebe uma pontuação conforme sua probabilidade e impacto.

A partir dessa priorização, os esforços de proteção ganham foco, os investimentos são mais bem direcionados e a gestão de riscos se torna uma aliada do negócio, e não um custo isolado.

Integrar GRC à análise de performance organizacional

A segurança da informação e a conformidade não devem ser vistas como entraves para o desempenho da empresa. Ao contrário, elas precisam ser integradas à estratégia e aos indicadores de performance. Isso significa que metas de GRC devem caminhar junto com metas de crescimento, inovação e eficiência.

Por exemplo, uma empresa que pretende expandir suas operações para novos mercados deve considerar, desde o início, as exigências regulatórias desses locais, os riscos associados à proteção de dados e os controles que precisam ser adaptados.

Da mesma forma, indicadores de maturidade em segurança, número de não conformidades corrigidas, tempo de resposta a incidentes e cobertura de auditorias podem compor os relatórios gerenciais e influenciar decisões estratégicas. A integração entre GRC e performance transforma o compliance em valor tangível.

Estimular auditorias e avaliações periódicas

Auditorias não devem ser tratadas apenas como exigências legais ou momentos de tensão. Elas são oportunidades valiosas de aprendizado e melhoria. Quando feitas de forma recorrente, permitem identificar falhas, testar controles, validar processos e garantir que as práticas estejam em conformidade com o que foi planejado.

Essas avaliações podem ser internas ou conduzidas por terceiros independentes. O importante é que sejam guiadas por critérios objetivos, documentadas de forma clara e acompanhadas de planos de ação para correção dos pontos identificados.

Além disso, as auditorias devem ser complementadas por revisões periódicas de políticas, análises de incidentes ocorridos e feedbacks das áreas envolvidas. Essa cultura de monitoramento contínuo fortalece a maturidade organizacional e reduz riscos inesperados.

Fortalecer a comunicação entre áreas técnicas e diretoria

Um dos maiores desafios do GRC é a desconexão entre os profissionais de tecnologia e as lideranças da empresa. Muitas vezes, as recomendações da equipe de segurança não são compreendidas pela alta gestão, o que dificulta a aprovação de investimentos e a priorização de ações.

É fundamental estabelecer canais de comunicação eficazes, onde os riscos sejam apresentados com clareza, usando uma linguagem alinhada ao negócio. Isso inclui traduzir termos técnicos em impactos reais — como perda de receita, danos à imagem, interrupção de serviços ou penalidades legais.

Por outro lado, a diretoria precisa envolver as áreas técnicas na definição das estratégias, deixando claro quais são os objetivos organizacionais e onde a segurança pode contribuir com eficiência e inovação. A confiança entre essas áreas é o que permite uma gestão equilibrada entre proteção e crescimento.

Governança, riscos e conformidade não são temas isolados. Eles fazem parte da espinha dorsal que sustenta a continuidade, a confiança e a competitividade das organizações.

Um modelo de GRC bem implementado alinha a proteção dos ativos digitais com os interesses estratégicos da empresa, reduz incertezas e fortalece a tomada de decisões.

Mais do que cumprir normas ou evitar multas, o verdadeiro valor do GRC está em construir um ambiente onde a segurança, a transparência e a performance caminham juntas. Nesse cenário, empresas ganham em reputação, eficiência e capacidade de adaptação em um mundo cada vez mais regulado e exposto a riscos digitais.

Luis Joivan Nunes Dahmer

Capítulo 10

O Profissional do Futuro: Habilidades para o Novo Cenário Digital

Como preparar líderes e profissionais para um cenário digital em constante mutação?

Luis Joivan Nunes Dahmer

A transformação digital não é mais uma tendência: é uma realidade em constante expansão. Novas tecnologias surgem com velocidade impressionante, remodelando setores inteiros, criando profissões que não existiam até poucos anos atrás e exigindo habilidades cada vez mais específicas e estratégicas.

Nesse cenário, o perfil do profissional de tecnologia também mudou. Não basta ser tecnicamente competente: é preciso ser resiliente, estratégico, comunicativo e, acima de tudo, preparado para aprender o tempo todo.

Ao longo da minha trajetória, pude observar como a evolução do mercado cobra não apenas conhecimento técnico, mas também mentalidade aberta, capacidade de adaptação e compromisso com o impacto positivo das soluções criadas. O profissional do futuro — que na verdade já começa a ser o profissional do presente — é aquele que entende que tecnologia não existe isoladamente. Ela precisa resolver problemas reais, gerar valor para a sociedade e ser aplicada com ética e responsabilidade.

Desenvolver pensamento crítico e adaptabilidade

Diante de um ambiente que muda constantemente, a habilidade de pensar de forma crítica e se adaptar é essencial. Profissionais que simplesmente seguem instruções ou se apegam a modelos antigos têm mais dificuldade em lidar com a volatilidade e complexidade dos desafios atuais.

Pensamento crítico envolve questionar, analisar cenários, identificar riscos ocultos e propor soluções criativas. Já a adaptabilidade é a capacidade de ajustar a rota diante de mudanças repentinas, sem perder o foco no objetivo final.

Essas duas competências andam juntas e se mostram cada vez mais importantes em um mercado onde as tecnologias, as legislações e as expectativas dos usuários evoluem o tempo todo. Desenvolver essas habilidades é, muitas vezes, mais importante do que dominar uma ferramenta específica — pois ferramentas mudam, mas a forma de pensar permanece.

Dominar fundamentos técnicos em IA, segurança e blockchain

Embora as soft skills sejam essenciais, os profissionais do novo cenário digital também precisam de uma base técnica sólida. A compreensão dos fundamentos da inteligência artificial, da segurança da informação e do blockchain não é mais restrita a especialistas. Esses temas fazem parte das decisões estratégicas das empresas e impactam diretamente os produtos, serviços e a confiança dos usuários.

Entender como funcionam algoritmos de aprendizado de máquina, os princípios de criptografia, os protocolos de autenticação, ou a estrutura de um smart contract pode ser o diferencial entre uma solução segura e eficiente e um projeto que fracassa por vulnerabilidades ou baixa aderência técnica.

Mesmo que o profissional não atue diretamente na área técnica, compreender essas tecnologias é fundamental para se comunicar com as equipes, tomar decisões informadas e liderar projetos com consistência.

Cultivar visão de negócios e impacto estratégico

Cada vez mais, espera-se que profissionais de tecnologia compreendam o negócio onde atuam. Isso significa ir além do código ou da infraestrutura e entender como a tecnologia gera valor, atende clientes, reduz riscos e impulsiona resultados.

Essa visão estratégica é o que diferencia o técnico do líder. Um profissional com visão de negócios consegue antecipar necessidades, sugerir inovações, alinhar entregas ao planejamento da empresa e se posicionar como parceiro do crescimento organizacional.

Ter consciência do impacto das decisões tecnológicas sobre os custos, a reputação e a sustentabilidade da empresa é o que permite que o profissional participe das grandes decisões — e não apenas da execução.

Aprender continuamente por meio de certificações e experiências

Em um ambiente onde o conhecimento se atualiza em ritmo acelerado, a aprendizagem contínua não é um diferencial — é uma obrigação. As habilidades que garantiram uma posição hoje podem se tornar obsoletas em poucos anos, ou até meses.

Investir em capacitação, buscar certificações reconhecidas, participar de comunidades técnicas, acompanhar publicações especializadas e se envolver em projetos diversos são formas de manter-se relevante e competitivo.

Mais do que títulos, o importante é o compromisso com a evolução constante. Profissionais que mantêm essa mentalidade estão sempre prontos para novos desafios e abertos a reinventar sua forma de trabalhar conforme o mercado exige.

Atuar com ética e responsabilidade social digital

Com grandes avanços vêm grandes responsabilidades. A aplicação da tecnologia afeta diretamente a vida das pessoas: pode proteger dados ou violar privacidades, pode promover inclusão ou reforçar desigualdades. Por isso, a ética deve estar no centro da atuação dos profissionais digitais.

É essencial refletir sobre os impactos das soluções criadas, garantir transparência no uso de dados, respeitar os direitos dos usuários e contribuir para um ambiente digital mais justo e seguro.

A responsabilidade social digital não se limita à conformidade com leis — ela está ligada a valores. Profissionais que agem com integridade e consciência não apenas constroem carreiras sólidas, mas também ajudam a moldar um ecossistema tecnológico mais confiável e humano.

O profissional do futuro não é aquele que sabe tudo, mas aquele que está sempre disposto a aprender, colaborar e evoluir. Ele une competências técnicas com visão estratégica, habilidades humanas com compromisso ético, e propósito com inovação.

Em um cenário digital dinâmico, incerto e cheio de oportunidades, aqueles que combinam conhecimento, flexibilidade e consciência têm o poder de liderar transformações reais — nas empresas, nas comunidades e no mundo.

Mais do que acompanhar a revolução digital, esses profissionais serão os protagonistas dela.

Luis Joivan Nunes Dahmer

Conclusão

Luis Joivan Nunes Dahmer

C hegar até aqui foi mais do que revisitar conceitos técnicos ou descrever ferramentas. Foi, acima de tudo, compartilhar uma visão construída com base em mais de duas décadas de prática, estudo e vivência em ambientes reais — ambientes que mudam, desafiam e nos colocam frente a frente com dilemas complexos, onde a tecnologia se entrelaça com a vida das pessoas e com o futuro das organizações.

Ao longo deste livro, abordamos desde os riscos invisíveis da Internet das Coisas até a importância de uma cultura organizacional que valorize a segurança como parte do dia a dia. Discutimos como a inteligência artificial pode ser uma poderosa aliada — mas também um risco se usada de forma irresponsável. Vimos como o blockchain oferece uma nova arquitetura de confiança, como a gestão de projetos precisa ser flexível e estratégica, e como o GRC conecta proteção e valor de negócio. E, acima de tudo, refletimos sobre o papel dos profissionais nesse ecossistema: não apenas como executores, mas como líderes, educadores e guardiões da integridade digital.

Diante de um cenário onde ataques cibernéticos já não são exceções, mas ameaças constantes, não há mais espaço para inércia ou improviso. A cibersegurança precisa deixar de ser um tema isolado e se tornar parte essencial do planejamento, da cultura e da estratégia de qualquer organização — pública ou privada, pequena ou grande, local ou global.

Isso exige ação. Mas não qualquer ação — e sim uma ação consciente, urgente, integrada e multidisciplinar. Exige profissionais que saibam unir técnica com visão, inovação com responsabilidade, velocidade com ética.

Minha proposta, com este livro, é justamente lançar esse chamado: que cada leitor, ao finalizar estas páginas, se sinta não apenas informado, mas convocado a fazer parte da construção de um ecossistema digital mais seguro, confiável e colaborativo. Um ambiente onde a tecnologia seja aplicada com propósito e onde as decisões sejam tomadas com base em conhecimento, e não apenas em urgência.

O futuro que desejamos — mais resiliente, mais justo e mais inovador — começa agora. E ele será moldado por pessoas preparadas, conscientes e comprometidas com a transformação.

Esse é o convite. Que sejamos parte da solução. Que sejamos líderes dessa nova era digital.